BOBBY

VIAJA EN TREN

ARPress
45 Dan Road Suite 15
Canton MA 02021
 Línea directa: 1(888) 821-0229
 Fax: 1(508) 545-7580

Información para los pedidos:
Ventas por cantidad. Se ofrecen descuentos especiales para compras al por mayor por parte de empresas, asociaciones y otros.

Para obtener más información, póngase en contacto con la editorial en la dirección que se ha indicado anteriormente.

Impreso en los Estados Unidos de América.

 ISBN-13:   Libro de bolsillo: 979-8-89676-642-1
             Libro electrónico: 979-8-89676-643-8

Número de control de la Biblioteca del Congreso: 2026907569

BOBBY

VIAJA EN TREN

JEFFREY LODGE

Ilustrado por Jake Cedeño

«**Hola, Bobby**», dijo su padre al entrar por la puerta principal después del trabajo.

«**Hola, padre**», respondió Bobby.

«**Tengo hambre**», dijo su padre con una sonrisa, dándole una palmada en el hombro a Bobby mientras entraba en el comedor.

Bobby y su padre ocuparon sus lugares habituales en la mesa. La madre de Bobby salió de la cocina y se sentó con ellos.

«**Bobby hizo un gran trabajo ayudando con la cena esta noche**», dijo su madre, sonriéndole.

«**Buen trabajo**», añadió su padre, sonriéndole también a Bobby.

La familia comenzó a comer, entablando la conversación habitual sobre cómo iban las cosas.

La madre de Bobby lo miró. **«¿Estás emocionado por el viaje en tren para ir a ver a tu abuela?»**

«Claro», dijo Bobby, mirando hacia abajo y sin decir nada más.

«Tu respuesta no parece muy convincente», comentó su padre.

Bobby permaneció en silencio por un momento.

«Pensé que estabas emocionado por viajar en tren por primera vez», dijo su madre.

«¿Qué pasa, Bobby?», preguntó su padre. Bobby dejó el tenedor sobre la mesa y miró a su padre.

«¿Qué pasa, Bob?», preguntó su padre de nuevo.

Bobby se encogió de hombros. **«Es un viaje largo, de unas cuatro horas aproximadamente, cuando solemos ir en coche».**

Su padre sonrió. **«Será un poco más rápido en tren y será una nueva experiencia para ti».**

Bobby dio un rápido bocado a su comida, se limpió la boca con la servilleta y sonrió a su padre.

El padre de Bobby podía sentir que no quería ir en tren. **«¿No estás nada emocionado?»**, preguntó su padre. **«De pequeño, siempre te apasionaban los trenes»**.

«Lo sé», respondió Bobby. Levantó la vista hacia sus padres. **«Es solo que no creo que vaya a ser tan divertido como antes»**.

«Vale», dijo su padre. **«Dale una oportunidad y tal vez cambies de opinión»**.

Bobby asintió con la cabeza. **«Vale, lo intentaré entonces. Le daré una oportunidad»**.

Un par de días después, el sábado por la mañana, Bobby tenía sus cosas empacadas en una maleta pequeña para pasar un fin de semana largo en casa de su abuela con sus padres.

Bobby seguía un poco inseguro sobre el viaje en tren, pero se fue animando a medida que pasaba el tiempo. Bobby y sus padres llegaron a la estación de tren.

Esa mañana la estación estaba muy concurrida y las personas parecían moverse rápidamente en distintas direcciones.

Arrastró su equipaje y siguió cuidadosamente a sus padres hacia un tren que les esperaba.

El revisor inspeccionó sus billetes y amablemente dijo: **«Su vagón es el número tres. Que tengan un buen viaje».**

Entonces Bobby y sus padres caminaron hacia su vagón. En el tren, encontraron asientos cómodos con mucho espacio para estirarse. Colocaron su equipaje en la zona de almacenamiento y se prepararon para el viaje. **«Esto es genial»,** dijo Bobby, mirando a su alrededor en el tren.

TRAVEL

En pocos minutos, oyeron una voz que anunciaba que el tren iba a salir de la estación.

Bobby notó que, al principio, cuando el tren comenzó a moverse, hacía algo de ruido cuando chocaban los vagones entre sí. El tren aceleró suavemente.

A Bobby le resultaba interesante observar todo lo que pasaba a través de las grandes ventanillas. La concurrida estación donde abordaron el tren pronto quedó lejos.

Bobby notó cómo las distintas vías parecían unirse en una extraña red a lo lejos.

También comenzó a notar el claqueteo que provenía de las vías mientras el tren avanzaba. Pronto, los grandes edificios de la ciudad fueron disminuyendo a medida que el tren atravesaba los barrios.

Bobby siguió observando a las personas y los coches de la ciudad a través de las grandes ventanillas. No tardaron mucho en pasar por un gran parque. El parque estaba lleno de personas haciendo ejercicio y paseando a sus perros. Bobby miró a su padre. **«Es interesante cómo las personas parecen estar en cámara lenta cuando pasas rápidamente en el tren».**

A medida que pasaba el tiempo, las farolas, las tiendas y los letreros comerciales parecían moverse más rápido por las ventanillas.

La ciudad pareció desaparecer y comenzaron a aparecer más árboles. No tardaron mucho en llegar al bosque. Los árboles se volvieron densos e hicieron que la luz brillara y danzara en los coches.

De vez en cuando, había claros luminosos en el bosque, y las granjas y casas de campo se veían claramente.

A Bobby le resultaba interesante ver a las personas subir y bajar del tren en las paradas más pequeñas del camino.

Bobby miró a sus padres y dijo: **«¿Me pregunto adónde irán todas estas personas?»**. Su padre se encogió de hombros y sonrió.

La madre de Bobby respondió: **«Apuesto a que muchas de estas personas van a ver a sus familiares y amigos»**.

Bobby siguió contemplando el paisaje mientras pasaban varios minutos. **«Oye, vamos a almorzar»**, dijo su madre.

«Oh, eso suena bien», respondió Bobby. Bobby, que empezaba a tener hambre, siguió a sus padres hacia el vagón restaurante. No pudo evitar notar que el ruido del tren en movimiento se hacía cada vez más fuerte al pasar entre los vagones.

Cuando llegaron al vagón restaurante, se sentaron en una mesa y echaron un vistazo al menú.

Bobby quería pavo, puré de patatas y una guarnición de judías verdes.

¡Qué agradable almuerzo tuvo con sus padres! Sus padres parecían estar hablando todo el tiempo.

Bobby siguió viendo el paisaje cambiante desde la ventanilla del tren mientras servían el almuerzo.

Poco después, sus padres estaban tomando café y él decidió comer un postre.

Después de disfrutar de la compañía mutua y almorzar, decidieron regresar al vagón a descansar.

Bobby se estiró en su asiento y sintió un poco de sueño después de comer. Gracias al rítmico sonido de las vías del tren, bostezó, cogió una almohada para apoyar la cabeza, levantó los pies y se quedó dormido.

Parecía que llevaba poco tiempo dormido cuando su madre lo despertó. Dijo: **«Será mejor que te despiertes; llegaremos en 15 minutos».** Bobby se levantó rápidamente. Ahora se veían las casas al mirar por las ventanillas.

Las tiendas se hicieron más visibles al trasladarse de nuevo a una gran ciudad. Los grandes edificios y las calles concurridas volvieron a aparecer.

Observó el tráfico de coches que esperaba detrás de los guardias de cruce con las luces intermitentes encendidas.

El tren comenzó a disminuir su velocidad. El tren avanzaba silenciosamente y, poco a poco, entró en la sombra de una gran estación.

TRAIN STATION

Las personas se volvían a mover por todas partes en la concurrida estación.

«Oye, aquí es donde vive la abuela», dijo Bobby a sus padres. El viaje fue más agradable de lo que esperaba. Vio muchas cosas interesantes desde una perspectiva diferente. También tuvo mucho tiempo para hablar con sus padres y almorzar con ellos.

Finalmente, el tren se detuvo y se escuchó un anuncio indicando el desembarque de los pasajeros que se quedaban en esta estación.

Bobby y sus padres sacaron rápidamente su equipaje de los compartimentos de almacenamiento y comenzaron a caminar por el pasillo hacia la salida. Bobby estaba emocionado de ver a su abuela. Al bajar del tren, vio a su abuela esperando con otras personas en el andén. Ella saludaba con la mano y sonreía.

«Qué divertido fue el viaje en tren», dijo Bobby a sus padres. Bobby corrió rápidamente y abrazó a su abuela.

El FIN